A dolorosa raiz
do Micondó

CONCEIÇÃO LIMA

A dolorosa raiz do Micondó

Poesia

**A DOLOROSA
RAIZ DO MICONDÓ**

Copyright © 2012 by Conceição Lima

1ª edição – Março de 2012

Grafia atualizada segundo o Acordo Ortográfico da Língua Portuguesa de 1990, que entrou em vigor no Brasil em 2009.

Editor e Publisher
Luiz Fernando Emediato

Diretora Editorial
Fernanda Emediato

Produtor Editorial
Paulo Schmidt

Assistente Editorial
Diego Perandré

Capa
Alan Maia
(imagens ©istock.com)

**DADOS INTERNACIONAIS DE CATALOGAÇÃO NA PUBLICAÇÃO (CIP)
(Câmara Brasileira do Livro, SP, Brasil)**

Lima, Conceição
A dolorosa raiz do Micondó : poesia / Conceição Lima.
-- São Paulo : Geração Editorial, 2012.

ISBN 978-85-8130-034-4

1. Poesia portuguesa (Escritores africanos) I. Título.

12-03408 CDD: 869.1

Índices para catálogo sistemático

1. Poesia : Literatura africana em português   869.1

GERAÇÃO EDITORIAL

Rua Gomes Freire, 225/229 – Lapa
CEP: 05075-010 – São Paulo – SP
Telefax.: (+ 55 11) 3256-4444
Email: geracaoeditorial@geracaoeditorial.com.br
www.geracaoeditorial.com.br
twitter: @geracaobooks

2012
Impresso no Brasil
Printed in Brazil

Agradecimentos

Os meus sinceros agradecimentos aos editores das seguintes publicações nas quais foram divulgados, por vezes em versões diferentes, alguns dos poemas que integram este livro: revista *Prometeo* de Medellin, Colômbia; revista *Arquitrave*, Bogotá, Colômbia; revista *Metamorfoses*, da Cátedra Jorge de Sena, Universidade Federal do Rio de Janeiro, Brasil e jornal *En el Camino* do Conselho Nacional de Cultura da Venezuela.

Agradecimentos especiais a Elgin Obregón, da equipa do Festival Mundial de poesia de Medellin, que traduziu alguns poemas para o espanhol.

A minha gratidão a Cency Mata, pelas leituras; a Luís Carlos Patraquim, pelas *desleituras*; a Nanda Pontífice, Filinto Costa Alegre, Rafael Branco, Fred Gustavo dos Anjos e Rufino Espírito Santo pela pertinência dos comentários.

A Tjerk Hagemeijer com quem percorri a sonoridade dos rios da escravatura e discuti a ortografia dos crioulos.

Ao Nelo e ao Tuka, meus filhos, e aos meus irmãos, por existirem.

A minha mãe, que escutou e comentou a primeira versão de *São João da Vargem* e cuja voz ilumina a obscuridade da raiz.

C. L.

Com caras sonolentas de incredulidade
Formulam mais perguntas assombrosas
Sobre os lugares por onde viajei...

Respondo prontamente:
Estive na terra dos ecos silenciosos
Nas areias da antiga Tombuctu

Chirikure Chirikure
poeta shona zimbabweano

Canto obscuro às raízes

Em Libreville
não descobri a aldeia do meu primeiro avô.

Não que me tenha faltado, de Alex,
a visceral decisão.
Alex, obstinado primo
Alex, cidadão da Virgínia
que ao olvido dos arquivos
e à memória dos griots Mandinga
resgatou o caminho para Juffure,
a aldeia de Kunta Kinte —
seu último avô africano
primeiro na América.

Digamos que o meu primeiro avô
meu último continental avô
que da margem do Ogoué foi trazido
e à margem do Ogoué não tornou decerto

O meu primeiro avô
que não se chamava Kunta Kinte
mas, quem sabe, talvez, Abessole

O meu primeiro avô
que não morreu agrilhoado em James Island
e não cruzou, em Gorée, a porta do inferno

Ele que partiu de tão perto, de tão perto
Ele que chegou de tão perto, de tão longe

Ele que não fecundou a solidão
nas margens do Potomac

Ele que não odiou a brancura dos algodoais

Ele que foi sorvido em chávenas de porcelana
Ele que foi compresso em doces barras castanhas
Ele que foi embrulhado em chiques papéis de prata
Ele que foi embalado para presente em caixinhas

O meu concreto avô
que não se chamava Kunta Kinte
mas talvez, quem sabe, Abessole

O meu oral avô
não legou aos filhos
dos filhos dos seus filhos
o nativo nome do seu grande rio perdido.

Na curva onde aportou
a sua condição de enxada
no húmus em que atolou
a sua acossada essência
no abismo que saturou
de verde a sua memória

as águas melancolizam como fios
desabitadas por pirogas e hipopótamos.

São assim os rios das minhas ilhas
e por isso eu sou a que agora fala.

Brotam como atalhos os rios
da minha fala
e meu trazido primeiro avô
(decerto não foi Kunta Kinte,
porventura seria Abessole)
não pode ter inventado no Água Grande
o largo leito do seu Ogoué.

Disperso num azul sem oásis
talvez tenha chorado meu primeiro avô
um livre, longo, inútil choro.

Terá confundido com um crocodilo
a sombra de um tubarão.

Terá triturado sem ilusão
a doçura de um naco de mandioca.
Circunvagou nas asas de um falcão.

Terá invejado a liquidez de caudas e barbatanas
enquanto o limo dos musgos sequestrava os seus pés
e na impiedosa lavra de um vindouro tempo
emergia uma ambígua palavra
para devorar o tempo do seu nome.

Aqui terá testemunhado
o esplendor do pôr do sol, o luar, o arco-íris.

Decerto terá pressentido a calidez dos pingos
nas folhas das bananeiras.
E terá sofrido no Equador o frio da Gronelândia.

Mas não legou aos estrangeiros filhos
e aos filhos dos filhos dos estrangeiros filhos
o nativo nome do seu grande rio perdido.

Por isso eu, a que agora fala,
não encontrei em Libreville o caminho para a aldeia de
[Juffure.

Perdi-me na linearidade das fronteiras.

E os velhos griots
os velhos griots que detinham os segredos
de ontem e de antes de ontem

Os velhos griots que pelas chuvas contavam
a marcha do tempo e os feitos da tribo

Os velhos griots que dos acertos e erros
forjavam o ténue balanço

Os velhos griots que da ignóbil saga
guardavam um recto registo

Os velhos griots que na íris da dor
plantaram a raiz do micondó
partiram
levando nos olhos o horror
e a luz da sua verdade e das suas palavras.

Por isso eu que não descobri o caminho para Juffure
eu que não dançarei sobre o pó da aldeia do meu primeiro
[avô
meu último continental avô
que não se chamava Kunta Kinte mas talvez, quem sabe,
[Abessole

Eu que em cada porto confundi o som da fonte submersa
encontrei em ti, Libreville, o injusto património a que
[chamo casa:
estas paredes de palha e sangue entrançadas,
a fractura no quintal, este sol alheio à assimetria dos prumos,
a fome do pomar intumescida nas gargantas.

Por isso percorri os becos
as artérias do teu corpo
onde não fenecem arquivos
sim palpita um rijo coração, o rosto vivo
uma penosa oração, a insana gesta
que refunda a mão do meu pai
transgride a lição de minha mãe
e narra as cheias e gravanas, os olhos e os medos
as chagas e desterros, a vez e a demora
o riso e os dedos de todos os meus irmãos e irmãs.

Que nenhum idioma nos proclame ilhéus de nós próprios
vocábulo que não és
Mbanza Congo
mas podias ser
Que não és
Malabo
poderias ser
Que não és

Luanda
e podias ser
Que não és
Kinshasa
nem Lagos
Monróvia não és, podias ser.

Nascente e veia, profundo ventre
conheces a estrutura que sabota os ponteiros:
novos sobas, barcos novos, o conluio antigo.

E consomes a magreza dos celeiros
num bazar de retalhos e tumultos
Petit Paris!
onde tudo se vende, se anuncia
onde as vidas baratas desistiram de morrer.

Medram quarteirões de ouro
nos teus poros — diurnos, desprevenidos.
Medra implacável o semblante das mansões
Medram farpas na iníqua muralha
e um taciturno anel de lama em seu redor.

A chuva tem agora a cadência de um tambor
outro silêncio se ergue
no vazio dos salões das *coiffeuses*.

E no rasto do tam-tam revelarei
o medo adolescente encolhido nas vielas
beberei a sede da planta no teu grão.

Eu que trago deus por incisão em minha testa

e nascida a 8 de Dezembro
tenho de uma madona cristã o nome.

A neta de Manuel da Madre de Deus dos Santos Lima
que enjeitou santos e madre
ficou Manuel de Deus Lima, sumu sun Malé Lima
Ele que desafiou os regentes intuindo nação —
descendente de Abessole, senhor de abessoles.

Eu que encrespei os cabelos de san Plentá, minha três vezes
[avó
e enegreci a pele de san Nôvi, a soberana mãe do meu pai

Eu que no espelho tropeço
na fronte dos meus avós...

Eu e o temor do batuque da puíta
o terror e fascínio do cuspidor de fogo

Eu e os dentes do pãuen que da costa viria me engolir
Eu que tão tarde descobri em minha boca os caninos do
[antropófago...

Eu que tanto sabia mas tanto sabia
de Afonso V o chamado Africano
Eu que drapejei no promontório do Sangue
Eu que emergi no paquete Império
Eu que dobrei o Cabo das Tormentas
Eu que presenciei o milagre das rosas
Eu que brinquei a caminho de Viseu
Eu que em Londres, aquém de Tombuctu
decifrei a epopeia dos fantasmas elementares.

Eu e minha tábua de conjugações lentas
Este avaro, inconstruído agora
Eu e a constante inconclusão do meu porvir

Eu, a que em mim agora fala.

Eu, Katona, ex-nativa de Angola
Eu, Kalua, nunca mais em Quelimane
Eu, nha Xica, que fugi à grande fome
Eu que libertei como carta de alforria
este dúbio canto e sua turva ascendência.

Eu nesta lisa, escarificada face
Eu e nossa vesga, estratificada base
Eu e a confusa transparência deste traço.

Eu que degluti a voz do meu primeiro avô
que não se chamava Kunta Kinte
mas talvez, quem sabe, Abessole

Meu sombrio e terno avô
Meu inexorável primeiro avô
que das margens do Benin foi trazido
e às margens do Benin não tornou decerto

Na margem do Calabar foi colhido
e às águas do Calabar não voltou decerto

Nas margens do Congo foi caçado
e às margens do Congo não tornou decerto

Da nascente do Ogoué chegou um dia
e à foz do Ogoué não voltou jamais.

Eu que em Libreville não descobri a aldeia
do meu primeiro avô
meu eterno continental avô

Eu, a peregrina que não encontrou o caminho para Juffure
Eu, a nómada que regressará sempre a Juffure.

Anti-epopeia

Aquele que na rotação dos astros
e no oráculo dos sábios
buscou de sua lei e mandamento
a razão, a anuência, o fundamento

Aquele que dos vivos a lança e o destino detinha
Aquele cujo trono dos mortos provinha

Aquele a quem a voz da tribo ungiu
chamou rei, de poderes investiu

Por panos, por espelhos, por missangas
por ganância, avidez, bugigangas
as portas da corte abriu
de povo seu reino exauriu.

Espanto

E no mar foi recluso, escoltado caminhante
De todo o mar apenas foi onda silente
De marfim os dentes, imperscrutáveis os deuses
Nenhuma trombeta amparou a mudez
de sua voz sem doutrina.

Com seu nome e sua língua morreram colinas
A Ocidente se abriu uma vanguarda de tumbas
que expande do desterro a metamorfose
em novos hinos, outros abismos chamados ilhas.

E nem estrela nem astro, nenhuma chama
Da própria sombra foi a sombra que o amou
quando impassível marchou a infernal engrenagem
e o mundo emergiu — seu destino e sua casa.

ZÁLIMA GABON

>   À memória de Katona, Aiúpa Grande
>   e Aiúpa Pequeno
>   À Makolé

Falo destes mortos como da casa, o pôr do sol, o curso
                                            [d'água.
São tangíveis com suas pupilas de cadáveres sem cova
a patética sombra, seus ossos sem rumo e sem abrigo
e uma longa, centenária, resignada fúria.

Por isso não os confundo com outros mortos.

Porque eles vêm e vão mas não partem
Eles vêm e vão mas não morrem.

Permanecem e passeiam com passos tristes
que assombram o barro dos quintais
e arrastam a indignidade da sua vida e sua morte
pelo ermo dos caminhos com um peso de grilhões.

Às vezes, sentados sob as árvores, vergam a cabeça e choram.

Erguem-se depois e marcham com passos de guerrilha
Não abafem o choro das crianças, não fujam

Não incensem as casas, não ocultem a face
Urgente é o apelo que arde por onde passam
Seus corações deambulam à sombra nas plantações.

Por isso não os confundo com outros mortos
apaparicados com missas, nozados, padres-nossos.

Por remorso, temor, agreste memória
Por ambígua caridade, expiação de culpa
aos mortos-vivos ofertamos a mesa do candjumbi
feijão-preto, mussambê, puíta, ndjambi.

Para aplacar sua sede de terra e de morada
Para acalmar a revolta, a espera demorada.

Eles porém marcharão sempre, não dormirão
recusarão a tardia paz da sepultura, o olvido
acesa sua cólera antiga, seu grito fundo
ardente a aflição do silêncio, a infâmia crua.

Eis por que vigiam estes mortos a nossa praça
seu é o aviso que ressoa no umbral da porta
na folhagem percutem audíveis clamores
a atormentada ternura do sangue insepulto.

Raúl Kwata Vira Ngwya Tira Ponha

As alegres calças, de palhaço, não eram suas.
Não era sua a camisa.
O castanho e o preto
nos pés esquerdo e direito
eram de outro.
Inteiro, de bom cabedal
o cinto não condizia — luzia.
A própria magreza de osso miúdo
não lhe pertencia — pairava.
Tossia muito, tropeçava.
Arrastava com ele dois olhos
raposinos, trocistas, de maroto
e era dono de um riso estilhaçado —
o seu escudo.
Nos passos carregava um arsenal
de histórias vivas, antigas
e tinha o poder de arrancar gargalhadas.
Sabia os nomes de todas as roças —
em nenhuma ficava a sua aldeia.
Morreu pária na ex-colónia.
Está enterrado na ilha.
Não reparou na nova bandeira.

1953

Um vento desgrenha
de lés a lés as marés do Sara
Em Kano a insurreição está nas ruas
Centuriões gauleses esvaziam o trono de Marrocos
Kykuyuland vinga o opróbrio numa orgia de sangue
E na primeira das nações, Kwame, o Africano
projecta a visão de um destino sem fronteiras.

Ó penal colónia que no Equador contorces
sem sentir do Kabaka a exilada dor
Arquipélago sobre as rasgadas tripas fechado
Mar de Fernão Dias pelo frio varado
Ó algas marinhas, ó pedras dos rios!

Lulas sem olhos encalham nas praias
Pombas sem asas despenham nas ondas
Seca nos seios o leite das mães
Há sangue, há pus no vão das escadas
Gemem passos em fuga nas matas da ilha.

Casas da vila sublevada, nativas tábuas!
Dizei do medo que em vós os prumos gela

Dizei dos varões arrebanhados, dizei!
Da sua culpada inocência dizei!

Ó vento do Sara que não sentes
nos terreiros
um furacão ávido de cifrões

Vento do Sul que não ouves nos cacaueiros
um tufão cioso de escravos dedos

Visionário que em outra ilha
convocas do mapa os fragmentos:

acaso conheces de Cravid as penas?
Viste a heróica tristeza dos seus ombros?

Tão longe, na aurífera costa
Quem te levaria do torpe vendaval as novas?
Quem te mostraria a cela, a tumba
Onde arfaram como peixes sem guelra?

Não te endoideceram os berros, não ouviste as súplicas
gota a gota se esvaindo como soluços
de um viril riacho em agonia.

E que dirias, triste profeta, às mães dos assassinados?
Que dirias aos anciãos humilhados?
Que dirias ao silêncio dos torturados?

Que dirias da corrente no pé que pontapeia
Da mordaça na boca que a intimação transporta
O escravo estigma na mão que executa?

Que dirias do rancor, a sanha do sodé mato
A indizível traição de Zé Mulato
Que dirias da sentença, a fria decisão do carrasco entronizado?

Oh, os forros, mestre, e seu justo horror da agrária servidão!
Os forros e suas plantações expropriadas, seus domínios
                                        [extorquidos
Os forros e seus servos, seus moleques perdidos
Os forros e seu desprezo dos gabões escravizados
Os forros e seu injusto modo de amar a liberdade!

Que dirias tu, Kwame, aos forros massacrados
Que lhes dirias se do crime novas te chegassem?

À sombra do micondó talvez meditasses
na sua inocência, sua culpa, seu tardio pranto
Talvez enxugasses com a fímbria do teu manto
a assustada baba de um pequeno órfão.

Ou lentamente percorresses com Cravid e Salustino
os ecos da dor na orla da praia ultrajada.

Talvez penetrasses a clandestina sombra da gleba
e com os forros e os filhos dos forros
com os minu iê e os filhos dos minu iê
com os angolares e os filhos dos angolares
com os kavêdê e os filhos dos kavêdê
com os gabões desprezados e os desprezados filhos
dos gabões desprezados
contasses de uma redonda e plana tribo
sem degraus sem portões e sem fronteiras.

Talvez ao escutar a voz erguida do teu sonho

Talvez ao sentir o fervor da tua árdua, concreta utopia
um velho pescador sem mar e sem nome soluçasse.

Talvez uma híbrida mulher soltasse as verdes tranças e
[cantasse.

Então forros, todos livres, todos tongas
contigo aconchegados à volta da fogueira
partilhassem da crioula catchupa os grãos de milho
e juntos bebessem da cabaça o fresco vinho.

Mas como podias tu, na contracosta,
conhecer o oculto crime e seu tamanho?

Pioneiro da dolorosa emergência
artesão desta demorada era
tenaz caminhante!

Olha e vê como são introvertidos os muros da Avenida
[Marginal
Vê como são circunspectos os telhados da Avenida Marginal
Ouve como arquejam os tijolos dos chalés da Marginal
Sente a brisa quando roça os cabelos das palmeiras
nas artérias da cidade.

É o espírito dos que plantaram morrendo
os pilares desta urbe onde rimos e fingimos
sofremos e mentimos, traímos e lutamos
pelejamos e amamos.

E amamos, mestre, esta urbe e suas casas.
Amamos desta urbe os lisos muros
Amamos com firmeza a frontaria dos chalés.

E hasteamos a memória dos que deixaram
a melancolia das ossadas por herança
nos lugares onde agora despontam janelas e praça.

Aqui cantaremos um dia, contigo.
Nestes mindinhos do futuro mapa
contigo cantaremos, Kwame.

Quando na lembrança secarem as lágrimas, os gritos
Quando a afronta se apagar das paredes das casas
Quando dos seios se esvair o leite envenenado
Quando as cicatrizes do medo escorrerem para fozes
                                            [longínquas
Quando morrerem nos luxans os chafarizes do mandato
                                              [homicida
Quando Batepá reinventar a inocência chacinada
e apenas o limo e o pó forem na terra
herdeiros do nome proscrito.

Espectro de guerra

Meu pai, preso e torturado em 1953, andava esquisito
e cochichava muito com minha mãe
à noitinha na varanda.

Às vezes, ouvia a palavra guerra e a palavra Nigéria
e a palavra Biafra.

De repente o aeroporto ficou maior, a cidade aumentou
as ruas ganharam novo movimento.

Aviões chegavam e partiam, partiam e chegavam
muitos aviões.

Homens altos e brancos, vestindo calções falavam na praça
uma língua estranha.

Homens altos, cabelos vermelhos, pintinhas na cara
falavam na praça uma estranha língua.

Homens altos e negros vestindo calções andavam na praça
dizendo *yes*.

A rua do Rosário, que tinha má fama, passou a ser muito mais animada.

E na escola, o lanche passou a ter *corned beef* e *milk shake*. Gostávamos tanto de milque chaque que o comíamos em pó, sem ser batido, às escondidas.

À tardinha, incríveis madres, madres negras, negras madres, passeavam na avenida aqueles meninos. Eram pequenos como nós, mas eram muito magros aqueles meninos.

Um dia fui ao hospital e vi esqueletos. Eram pequenos como nós e eram esqueletos. Só tinham cotovelos olhos e joelhos.
Estavam deitados nas camas, muito quietos, presos a uns fios com balões de vidro.

Eram muitos e vinham de noite nos aviões.

Não sei quantos saíram do hospital aumentado para os seus ossos.

Não sei quantos ainda se lembrarão de São Tomé.

Quantos depois terão ingressado nas forças armadas?

Sei que certos poemas juntam os versos como se os deitassem numa vala comum.

Certos poemas sentem dó da metáfora, trancam a porta na cara da rima.

São vítreos olhos em flácidos corpos.

O sangue na pedra, a fisga tombada, uma tíbia partida.

Ou a enxuta memória de quem não sofreu, não morreu — apenas olhou.

E gravou a visão do demónio no quintal.

Jovani

Jovani se chamava
e nunca o terá intrigado (como a mim)
o ítalo eco de tal nome.

Dele se diz que era filho da terra
o que quer dizer
que antes de seus pais
já os pais dos pais dos seus pais
haviam perdido da externa origem o registo.

Não consta que tenha viajado
além dos mil quilómetros da Casa:
era meão de estatura
tinha família, filhos
amigos certamente
inimigos talvez
e um emprego miúdo
que não dava para poupanças.

Ao castelo de madeira retornava
num final de tarde igual a tantos
quando a vencida bala lhe travou
sem anúncio o passo.

Setembro era o mês de 1974
ardia em fragor a voz colectiva
na praça marchava a colónia
por um hino outro e nova bandeira.

De pronto proclamou o país infante
a glória do seu sangue.
Trovas acharam no acaso grandeza
os filhos choraram somente a sua perda.

Os mártires — dizem — são seres excepcionais, raros
a certa luz destinados.

Não era essa, suponho, a sua sina.

Suspeito agora, ao pensar no seu corpo tombado
sem estandarte, sem coroa, apenas morto
que Jovani não era grande nem pequeno —
tinha do precário labirinto o tamanho justo.

Guardou planos, afectos, rancores.
Plantou algures um olho de mutêndê,
um pé de jaqueira. Tinha sonhos.
Respirava.

Indagarei por seu perfil de sombra e avenida
o espectro da proletária camisa —
amanhã, o enigma negado ao transeunte.

Não pensarei em milagres, não pensarei
na crucificação em que um homem renasceu
sem saber ao certo porque caía.

Na praia de São João

Há séculos que a sua fronte taciturna
desafia a premonição das estrelas —
os rijos movimentos, o solitário remo
a herdada sapiência de pressentir
o cheiro da calema e a mandíbula do tubarão.

Ele que acredita em deus e nos deuses
na bondade dos amuletos, na ciência dos astros
na falível destreza dos seus braços
há séculos que parte com a alvorada
sem ninguém o ver.

Todos os dias aguardamos porém o seu retorno —
a brancura do sal nos músculos retesados
o impulso final
e a canoa implantada no colo da praia.

Em seu rasto perscrutamos ao cair do dia
os limites do mar
Por seu vulto ganham nova pressa
os passos das mulheres
o tilintar das moedas, o pregão das palayês

E se enchem de falas as feiras
ao entardecer.

Deste lado, a outra margem do infinito
onde o crepúsculo saúda o regresso
de lá do horizonte, do hemisfério da espuma
da linha oculta no azul espesso
do lugar onde a água só conhece a voz da água.

Nós te aguardamos
mercador lunar, despercebido guerreiro
e ao brilho das escamas que revelas
Pois sem ti a praia seria apenas praia —
o perfil do mar, a queixa do vento
ou a nudez de anónimas pegadas na areia.

Pantufo

Em Santana nasci
No Budo-Budo brinquei
Em São João da Vargem cresci.

Nunca morei no Pantufo
Não me casei no Pantufo
Jamais parti de Pantufo.

Mas Pantufo acende em mim
o fulgor da primeira viagem.

Além da baía, para lá do mundo
nos confins da distância imerso
o mistério flutuava, cintilava
no outro extremo de tudo.

Por isso Pantufo não era Pantufo
Recuado na noite, era um enigma feliz
era Lisboa.

Mas como eu não sabia que Lisboa era Lisboa
Pantufo era somente a outra terra
a que ficava além da ilha, além de mim.

Eis que Pantufo não é cidade
Pantufo não ostenta forais
Pantufo não está nos postais
Pantufo não vem nos jornais
Pantufo não inspira jograis.

Pantufo tem cara de mar
Pantufo tem sede de praia
Pantufo cheira a peixe cru
cheira a vento.
Tem canoas centenárias
Redes esticadas, tensas
como varizes
Pescadores altivos, tenazes
como remos
Esgazeados casebres
Gamelas acocoradas
à beira da estrada
Sonsos cachorros
de magreza estirada no meio da rua
(um olho que dorme
o outro à espreita)
Becos lamacentos
Súbitas tabernas
Políticos trapaceiros
que traficam votos e pão
Eleitores matreiros
que devoram o voto e o pão
Moças espalhafatosas, alvissareiras

Juras espasmódicas, mentirosas
Severos, rancorosos deuses
Elefantíases cauterizadas
pela força do tempo
e o peso das moscas
Pragas fulminantes
como faíscas
Velhos de premonição ágil
e agoiro fácil
Velhas ladinas, ligeiras, antigas
Palayês turbulentas
irmãs da alvorada
Indigentes ladrões
que pilham no choco
a mãe-galinha
e o pintainho no ovo
Crianças de umbigos
como cocos
Crianças de olhos doces
e cabelos cor de fogo
Alunos estafados, repetentes, alegres
Concursos de bisca sessenta e nove
Queixas que ninguém ouve
Namorados esquivos
Assobios furtivos
Chalés constrangidos
Pântanos dissimulados
O miradouro de Ganda
Pneus que chiam
em inversão de marcha
Uma testemunha calada
A igreja esfarelada
e uma mansão fortificada.

Tudo isso tem Pantufo
Vila ou aldeia ou luxan

Pantufo cidade amanhã

Pantufo
sem montras, sem néon, sem estátuas

Pantufo
sem fábricas, sem esgotos, sem praças

Agreste recanto que em mim pulsas
Artéria de sal que em mim vibras
Tão aquém do mistério
Tão além de Lisboa.

Passageira

À memória de São Gracia Silva

A metade de meus amigos morreu.
Far-te-ei uns novos, disse a terra.
Não, gritei. Devolve-mos
tal como eram, com suas falas e tudo...

Derek Walcott

Nosso o caminho, um claro itinerário:
erguíamos o alfabeto do hino.
Práticas, concretas, robustas,
era como se elas te conhecessem, as sílabas.

Giravas entre nós com um zumbido de abelhas
Havia sempre pressa nos teus lábios, florias.
Vamos — urgias. E o verbo marchava por seus pés.

Depois, com um sorriso, dormias.
Era como se te pertencesse a noite, limpa de trevas.

Às vezes chegavas tarde.
Era como se nos devolvesses o alvoroço da colmeia.

Pólen agora, raiz ou tronco embora
em vão bailam por ti as crinas da palmeira
quando o cavalo galopa no umbral da praça.

Haste

Num certo campo de um ermo lugar
um caule dobra agora o dorso — verga
se lhe roça o ego da intempérie.

Em qualquer campo aquém do luar
num estreito canto de um país vulgar
o caule cede o dorso
se lhe bate a mão da ventania —
duplica na coluna o peso do próprio corpo.

Soergue depois a inclinação da linha
e retoma o vertical instinto de sua raiz —
permanece.

O VENDEDOR

Os olhos vagalumem como pirilampos
no encalço dos fregueses

Do fio que é a mão
esvoaçam sacos de plástico
precários, multicores balões

A Feira do Ponto é o seu pátio.

Ao fim do dia, parcimonioso,
devolve a bolsa das moedas a um adulto
e recupera a idade.

A LENDA DA BRUXA

San Malanzo era velha, muito velha.
San Malanzo era pobre, muito pobre.
Não tinha filhos, não tinha netos
Não tinha sobrinhos, não tinha afilhados
Nem primos tinha e nem enteados
Ela era muito pobre e muito velha
Muito velha e muito pobre era.
Era velha, era pobre san Malanzo
Pobre e muito velha
Velha e muito pobre
Era velha e pobre
Era pobre e velha
Velha pobre
Pobre velha
Velha
Pobre
Feiticeira.

Os pequenos tiranos

Os pequenos tiranos
que fundaram um reino ao pé da sua tristeza

Os pequenos tiranos que não conquistaram os mares
                                                      [da China
nem os domínios do Manicongo

Os pequenos tiranos que tarde escalaram o tejadilho
e do alto avistam um globo minguado

Os pequenos tiranos arrastam p'los corredores
sapatos que iluminam a sua missão
e engendram em timbradas pastas secretas linhas de acção.

Vendam os olhos à faísca que na dúvida tresluz
e sussurram o édito em minúsculos conclaves
porque temem das palavras o eco e o rasto.

Vivem barricados nos próprios passos
pois ser suave e ser lento, julgam,
é ser clarividente é ser sábio

São homens estreitos e magros e lentos
os pequenos tiranos
que sonharam suspender os ponteiros dos relógios.

Não sabem que são cegos e tiranos os ponteiros dos relógios
e quando a tarde derrota a urgência do memorando
trancam devagar a porta do seu reino
e naufragam num mundo que agrava
o peso do corte dos seus fatos.

Os pequenos tiranos
são homens estreitos e magros e lentos
que não conquistaram os mares da China
nem os domínios do Manicongo.

Temem das palavras o rasto
e sussurram o édito em vazios conclaves
para ampliar o eco da sua perpétua infância.

Certos pequenos tiranos

A certos pequenos tiranos
comove-os o enigma na pétala de uma orquídea
e o langor da linha na palma da própria mão.

Algures, um estranho brinquedo falece
na secretária onde existem.

Por vezes articulam breves sentenças
e estão sempre em atritos com o mesmo orçamento.

Mas crêem no amparo de feitiços e amuletos
e segregam uma teia de invencível apatia
que tolhe as impressoras, as portas dos armários
e contrai as linhas das quatro paredes.

Porque os emociona a própria bondade
tomam por amor a vénia dos vassalos
os pequenos tiranos
que publicam altos amigos como títulos de jornal
e distribuem grãos de favor como quem outorga um foral.

São meticulosos no arrumar dos papéis
pois na simetria das coisas enterram a luz das ideias.

Mortifica-os a idade, são hipocondríacos
e só por distracção morrerão em África.

Dói a doçura da savana espezinhada nesses pequenos tiranos
A pátria em seus ombros é divisa, cartão de visita
No borrão do carimbo dispara a AKA que nunca
                                          [empunharam.

IGNOMÍNIA

Enquanto o fio da catana
avançava sobre o medo encurralado
o mundo espreguiçava uma pálpebra —
hesitava.

E quando o olho da câmara
desventrou enfim o silêncio
um metódico vendaval avermelhara
para sempre as águas e os campos.

As consciências
que no universo o caos ordenam
instauraram a urgência dos relatórios
e a estatística dos esqueletos.

Ruanda ainda conta os crânios dos seus filhos.

JENIN

Os *bulldozers* partem sem fanfarras.
Arrastam na poeira as tiras das sandálias
e o pavor nas asas das galinhas
No seu rasto agonizam as palavras
e o bíblico rosto das oliveiras

O fémur que perfura os escombros
está morto, não tem nome
É uma estaca de marfim
que brilha
amargamente na terra de Jenin

Amanhece em Berlim, outro lugar
Não na Libéria ou nos *fields* de Freetown
Não no refúgio de Jenin ou em redor de mim.

Castigo

A morte devolveu-nos o desafio: abandonou-nos.

Com uma acutilância de pedras desenterramos

o corpo da renúncia — revelamos a última atrocidade.

Para inventar a salvação apagamos veredas

um rasto de úlceras e ervas nos abomina.

Como deuses nojentos prosperam os sobas,

fisionomias da nossa culpa.

A MÃO

Toma o ventre da terra
e planta no pedaço que te cabe
esta raiz enxertada de epitáfios.

Não seja tua lágrima a maldição
que sequestra o ímpeto do grão
levanta do pó a nudez dos ossos,
a estilhaçada mão
e semeia

girassóis ou sinos, não importa
se agora uma gota anuncia
o latente odor dos tomateiros
a viva hora dos teus dedos.

Arquipélago

O enigma é outro — aqui não moram deuses
Homens apenas e o mar, inamovível herança.

INEGÁVEL

Por dote recebi-te à nascença
e conheço em minha voz a tua fala.
No teu âmago, como a semente na fruta
o verso no poema, existo.

Casa marinha, fonte não eleita!
A ti pertenço e chamo-te minha
como à mãe que não escolhi
e contudo amo.

A MÃO DO POETA

Ao Fred Gustavo dos Anjos,
depois de ter lido Paisagens e Descobertas

O poeta, é sabido, conhece
o sentido da sua mão
e perdoa-lhe a bizarria
de *crescer sozinha*
com o impulso da ave
ou o fermento do pão

Porque ele sabe que a mão
o prende à raiz do chão
onde o rigor do seu «não!»
varre da casa a podridão

Por isso, se o poeta à praça traz
seus dentes caídos, a face desfeita
é para perscrutar no mastro
o pano que drapeja
e corrigir com a mão
a direcção do vento.

A OUTRA PAISAGEM

Da lisa extensão dos areais
Da altiva ondulação dos coqueirais
Do infindo aroma do pomar
Do azul tão azul do mar
Das cintilações da luz no poente
Do ágil sono da semente
De tudo isto e do mais —
a redonda lua, orquídeas mil, os canaviais —
de maravilhas tais
falareis vós.
Eu direi dos coágulos que mineram
a fibra da paisagem
do jazigo nos pilares da Cidade
e das palavras mortas, assassinadas
que sem cessar porém renascem
na impura voz do meu povo.

São João da Vargem

I

O ANEL DAS FOLHAS

Quando eu não era eu
Quando eu ainda não sabia que já era eu
Quando não sabia que era quem sou
os dias eram longos e redondos e cercados
e as noites profundas como almofadas.

O sol nascia todos os dias e todas as tardes se despedia
e a lua brilhava todas as noites para morrer ao amanhecer.

O mundo era grande e era fechado como um anel
e eu era grande, eu tinha o mundo, eu tinha o anel.

Viviam plantas, viviam troncos, viviam sapos
Vivia a escada, vivia a mesa, a voz dos pratos
um untueiro em tamanho maior que tudo
fruteiras em permanente parto de gordos frutos
palpáveis, acessíveis, incansáveis limoeiros
makêkês, beringelas, pega-latos

verdes kimis, ali dormiam longos swá-swás
e o ido-ido era a montanha cheia de espinhos
onde os morcegos iam cair no kapwelé.

Folhas da mina floresciam em velhas panelas
fios d'orvalho rodeavam frescos matrusos
em frente à porta havia nichos de libo d'água
pinincanos, folha-ponto e salakontas.

Era uma vassoura às avessas a fyá xalela
era doce o seu chá, era verde, era calmo
e as hastes dobradas sobre si mesmas
tinham nas pontas aquele perfume de eterna frescura.

O micondó era a força parada e recuada
escutava segredos, era soturno, era a fronteira
e tinha frutos que baloiçavam, baloiçavam
nunca paravam de baloiçar.

Não havia horas, ninguém tinha pressa
senão minha mãe
E eu amava na doce vénia dos canaviais
o restolhar de verdes folhas e ondas mansas.

As viuvinhas e pirikitos e keblankanás
— que eu rastejava para agarrar —
erguiam então um alarido de asas e chilreios.
E o mundo voava, o mundo era alto, o mundo era alado.

As borboletas que nada faziam, que só passeavam
tinham guache nas asas, tinham asas, eram lassas
e nada faziam, nada faziam, só passeavam.

Quando eu fugia com as borboletas
Quando eu voava com as viuvinhas
e me perdia nos canaviais
minha mãe, a voz, descia as escadas
aberta como uma rede.

Então vinha Dadá, do senhor Adálio
suave gigante de olhos de pomba
mãos de algodão p'ra me socorrer

Vinha Dadá, gigante suave de pombas nos olhos
vinha por mim com mãos de algodão
que agora estão mortas e não me salvarão.

E eu brincava, eu corria, eu tinha o anel,
o mundo era meu.

II

A SOMBRA DO QUINTAL

Quando eu não sabia que era quem sou
Quando eu ainda não sabia que já era eu

Havia Dadá e seu vulto sereno
cercado p'la brisa dos canaviais

Havia Dadá e as mãos de algodão
que me punham de volta no centro do mundo.

Minho era o mago, tinha uma fisga e caçava bichos
Buggy era o sábio, tinha um atlas e uma farda da Mocidade
Valdemar, o mais forte, ia à escola do barão de Água Izé
E a Aninha e o Zé só eram um pouco mais altos que eu.

Napoleão — branco, felino, com manchas castanhas —
guardava o quintal, fechava o portão,
caçava frangos pelo pescoço sem um beliscão.

Na canoa de andim, relíquia de pedra dos tempos do avô
eu voltava à rede que nunca dormia em minha mãe
e deslizava no velho vagão sobre os carris
que já não transportavam montões de cacau.

Eu rodopiava e o mundo girava
girava o terreiro, o kimi era alto
e no tronco eu não via não via não via
o torso rasgado dos serviçais.

No dia seguinte, ao fim da manhã, chegava a avó Nôvi
tapada p'la sombra do seu guarda-sol
com um passo cansado de couro castanho
e pétalas brancas no seu vestido de seda azul.

Trazia pestanas que se mexiam como asas severas
Trazia saquinhos, bananas-maçã em cachos de ouro
Trazia consigo a voz que apagava o ruído das coisas
e nos enxotava do kimi do sino que ali moravam
oh! ali moravam a alma e a raiva dos serviçais.

E eu corria e ria, eu voava, o mundo era grande
eu tinha o mundo, o quintal era meu.

III

AS VOZES

Quando eu corria, quando fugia e me perdia
Quando fugia e desaparecia
atrás dos troncos
havia os olhos da tia Espírito
abertos buscando o caminho da luz.

Então vinham as primas da Boa Morte
as velhas primas Venida e Lochina
com ecos de ontem na palma das mãos.

Comiam cola, bebiam água e suspiravam
e quedavam sentadas lá no quintal
falando do avô e de outros fantasmas
abrindo tempos que eu não entendia.

E a tia san Límpia kambuta e nervosa
a tia san Límpia e seu doce de coco
a tia san Límpia que nunca sabia do paradeiro
do seu Nicolau.

Além das folhas, além dos troncos, além do anel
havia as comadres de minha mãe.
Havia Vingá que era peixeira e era a mulher
de um pescador.
A velha Malanzo, Adelina e Nólia, eram todas peixeiras.
E havia as filhas que eu não sabia que iriam ser peixeiras
[também.

Pois eu corria pelo quintal, eu descobria o canavial
o mundo era plano, eu tinha o quintal.

IV

OS OLHOS DOS RETRATOS

Quando eu não sabia que era eu
Quando eu sentia que o mundo era meu
Quando eu não sabia o mundo que era eu

A casa crescia em pernas de pedra
com quartos enormes salas enormes
o enorme telhado de telhas vermelhas
e aquela varanda que não tinha fim.

Era fundo o sótão, era a caverna, era nocturno
e tinha um cheiro de caixas fechadas.

Havia o arquivo com grossos volumes
pesados volumes de folhas de barro
que se espalhavam se fossem tocadas.

Eram altas paredes, lisas as tábuas
com sérios rostos que não falavam
nunca franziam, jamais sorriam
e olhavam p'ra longe, não para mim.

Os homens cresciam estranhos bigodes
iguais aos que vi depois em D. Carlos
e tinham casacos de pontas compridas
estranhos casacos, que faziam rir.

Tinham grandes bigodes aqueles senhores
e o mais revirado era o do meu avô.

E elas sentadas com saias compridas e longas mantilhas
elas sentadas de mãos nos joelhos e a tez pensativa...

A voz de meu pai punha caras concretas
naquelas caras que eram altas, eram difusas
e olhavam p'ra longe, não para mim.

A velha prima Olímpia Barros que era tão velha
tinha uma mãe bem mais nova que ela.
O primo Teixeira, da Ponte da Graça, não se parecia com
[sua mãe.
E o tio Palácio, o mais velho dos tios,
tentara um dia disparar sobre o avô.

Eram contos antigos que me fascinavam
eram lendas da casa que me embalavam
e eu gostava daquele tom na voz de meu pai.

E eu escutava, depois dormia, depois sonhava.
Eu não meditava, eu não perguntava, eu não decifrava.

Porque eu buscava a voz do sótão
quando fugia com as borboletas
e eu voava com as viuvinhas
quando corria e me escondia atrás dos troncos

Porque eu amava o sussurro dos canaviais
quando a verdade falava no grande quintal.
E eu dormia em paz, a casa era limpa no centro do anel.

Sóya

Há-de nascer de novo o micondó —
belo, imperfeito, no centro do quintal.
À meia-noite, quando as bruxas
povoarem okás milenários
e o kukuku piar pela última vez
na junção dos caminhos.

Sobre as cinzas, contra o vento
bailarão ao amanhecer
ervas e fetos e uma flor de sangue.

Rebentos de milho hão-de nutrir
as gengivas dos velhos
e não mais sonharão as crianças
com gatos pretos e águas turvas
porque a força do marapião
terá voltado para confrontar o mal.

Lianas abraçarão na curva do rio
a insónia dos mortos
quando a primeira mulher
lavar as tranças no leito ressuscitado.

Reabitaremos a casa, nossa intacta morada.

VERSÃO DE DESERTO

Trazido não sei por que apelos, urgências
Vieste impugnar o momento que me cerca.
Demora — conclamas — a clara voz em minha boca.

Peço-te porém que repares:
não agonizam dunas nestes campos.
Aqui não jazem ossadas sem registo
nem apodrecem espectros de
perdidas caravanas.
Nenhum trilho foi abandonado
e não reneguei
Não, não reneguei
o nome do pai do meu pai.

O meu deserto é a vertical semente de um barco.
O areal (seu brilho de nada e de lago)
não é senão a metáfora de uma horta
talvez uma projectada cisterna.
Esta claridade nos olhos do griot cego
este reflexo que obscurece a luz do dia
não irradia de um céu empedernido —
a minha fome não é a maldição
do velho deus inclemente.
E todavia devora-me a cicatriz da penúltima batalha
e tenho por estigma
a memória de um longo fratricídio.
Mas estou aqui
sob este sol que alucina
a savana ao meio-dia.
Aqui, sob este toldo rasgado
onde envergo a sede dos meus ossos
e perduro sem jardim nem chuva
sem tambores nem flauta
sem espelhos,
companheira do tempo que amarra
as minhas veias ao umbigo do poço.

Não, nenhum trilho foi esquecido
e venero o profano nome do pai do meu pai.

Lenta a vertigem vai esculpindo
os murmúrios de um rio incerto —
planto estacas
em redor da vigília dos meus mortos.
Não anuncio.
Tardo e não prenuncio reino ou abismo.
Não sou mensageira de vãos sacrifícios,

épicas derrotas, novos caminhos.
Aqui onde o inferno acontece
neste lugar onde me derramo e permaneço
inauguro a véspera da minha casa.
O meu silêncio franqueia
o umbral de qualquer coisa.

Glossário

Andim: dendém.
Batepá: epicentro da rebelião de 1953 que culminou em sangrenta repressão dos forros pelo governador Carlos Gorgulho.
Candjumbi (cazumbi): palavra originária do kimbundo que significa espírito. Em São Tomé, chama-se «mesa de candjumbi» ao ritual de oferta de alimentos aos serviçais mortos.
Cravid: sobrevivente da repressão de 1953.
Fyá xalela: chaleira; chá Gabão ou chá do Príncipe; planta aromática e medicinal.
Folha-ponto: planta medicinal.
Forro: escravo alforriado; expressão que designa o grupo social dominante em São Tomé e Príncipe.
Gabões: termo pejorativo cuja origem remete para os escravos levados do Gabão e genericamente designativo dos serviçais idos do continente.
Gravana: estação seca.
Ido-ido: planta de folhas espinhosas.
Juffure: aldeia da actual Gâmbia de onde, no século XVIII, foi levado como escravo Kunta Kinte, antepassado do escritor norte-americano Alex Haley, e por este reencontrada dois séculos depois. A busca, a partir do nome mandinga do rio Gâmbia, durou doze anos e inspirou o romance *Raízes*.
Kabaka: título do rei do Buganda, actual Uganda. O então monarca foi exilado pelos ingleses em 1953.
Kambuta: pessoa de baixa estatura.
Kapwelé: armadilha para apanhar morcegos.
Kavêdê: cabo-verdiano.

Keblankaná: um pássaro.
Kimi: árvore lenhosa e muito resistente, de tronco geralmente adelgaçado, utilizada para vedações e demarcação de terrenos.
Kukuku: coruja.
Libo d'água: planta medicinal, de folhas muito amargas.
Luxan: localidade de aglomerados dispersos; quintal grande de família; espécie de terreiro, situado no interior da ilha, à volta do qual estão dispostas casas de pessoas ligadas por laços de consanguinidade.
Makêkê: uma hortaliça.
Marapião: árvore de grande porte a cuja madeira são atribuídas propriedades exorcizantes.
Matruso: planta medicinal.
Mikokó: planta medicinal e de cheiro.
Minu iê: natural da ilha do Príncipe.
Miskitu: planta medicinal e de cheiro.
Mussambê: peixe seco; provável corruptela de Moçâmedes, o porto angolano de onde, no período colonial, o produto era exportado para o arquipélago.
Muswa: uma hortaliça.
Mutêndê: palmeira de pequeno porte, de raiz particularmente dura e profunda.
Ndjambi: ritual mediúnico que assinala o clímax da puíta.
Nozado: nojo; velório.
Oká: mafumeira; árvore associada no imaginário popular a forças maléficas, para cuja copa as bruxas desertam à meia-noite, segundo uma crença popular.
Palayê: quitandeira; peixeira.
Pãuen: figura de contornos mitológicos, canibal; pessoa voraz, insaciável. Provável corruptela de Pahuin, grupo da etnia Fang que habita o Gabão, os Camarões e a Guiné Equatorial.
Pega-lato: tradução literal, «apanha ratos». Planta assim chamada devido à propriedade aderente das suas flores.
Pinincano: corruptela de pelicão, espécie hipericácea abundante na flora são-tomense.
Pirikitos: periquitos.
Puíta: cerimónia investida de funções curativas e exorcizantes, marcada por um vertiginoso compasso musical e de dança. Originária de Angola e preservada por gerações sucessivas de serviçais, a puíta organiza-se em terreiros com a assistência for-

mando um cordão no centro do qual pares de dançarinos vão progredindo, ora afastando-se ora aproximando-se, até que os corpos se chocam entre estridentes aplausos.
Salakonta: uma planta.
San: senhora.
Sóya: conto; lenda; fábula.
Sodé mato: «soldado do mato»; cipaio; efectivo do Corpo da Polícia Indígena constituído por serviçais. A força foi mobilizada pelo governador Carlos Gorgulho contra os forros na repressão de 1953.
Swá-swá: cobra verde.
Sumu sun: senhor dom; excelentíssimo senhor.
Tonga: descendente de serviçais nascido no arquipélago; misto de forro e de serviçal.
Untueiro: árvore de grande porte cujos frutos, amarelos quando maduros, têm a forma de um pião.
Zálima: alma; espectro; fantasma.

ÍNDICE

Agradecimentos 7

Canto obscuro às raízes 11
Anti-epopeia 20
Espanto 21
Zálima Gabon 22
Raúl Kwata Vira Ngwya Tira Ponha 24
1953 25
Espectro de guerra 30
Jovani 33
Na praia de São João 35
Pantufo 37
Passageira 41
Haste 42
O vendedor 43
A lenda da bruxa 44
Os pequenos tiranos 45
Certos pequenos tiranos 47
Ignomínia 49
Jenin 50
Castigo 51
A mão 52

Arquipélago 53
Inegável 54
A mão do poeta 55
A outra paisagem 56
São João da Vargem
    I O anel das folhas 57
    II A sombra do quintal 60
    III As vozes 62
    IV Os olhos dos retratos 64
Sóya 67
Versão de deserto 69

Glossário 73

Impressão e acabamento
Editora Parma LTDA
Tel.:(011) 2462-4000
Av.Antonio Bardella, nº310,Guarulhos,São Paulo-Brasil